LE POT DE TERRE
ET
LE POT DE FER.

Les Douanes,

M. de Villèle, M. de Vaulchier,

Et M. de Castelbajac.

PAR J. PAULMIER.

A PARIS,

CHEZ J. G. DENTU, IMPRIMEUR-LIBRAIRE,
RUE DES PETITS-AUGUSTINS, N° 5;
N. PICHARD, QUAI CONTI, N° 5;
ET PETIT, PALAIS-ROYAL, GALERIES DE BOIS.

1825.

LE POT DE TERRE
ET
LE POT DE FER.

LES DOUANES,
M. DE VILLÈLE, M. DE VAULCHIER,
ET
M. DE CASTELBAJAC;

PAR J. PAULMIER.

Sperate miseri, cavete felices!

PARIS,
IMPRIMERIE-LIBRAIRIE DE J. G. DENTU,
RUE DES PETITS-AUGUSTINS, N° 5.

MDCCCXXV.

AVANT-PROPOS.

L'AMI.

Eh quoi! mon cher Paulmier, vous êtes donc sérieusement décidé à publier un nouvel écrit sur les douanes ?

MOI.

Oui, mon ami ; et non content de signaler les abus qui se sont perpétués sous le directeur-général qui a succédé à M. de Saint-Cricq, je ferai à M. le ministre des finances la part du blâme qui lui revient de droit pour l'encouragement qu'il leur accorde.

L'AMI.

Au ministre des finances! Bon Dieu, y pensez-vous ?

MOI.

Eh! pourquoi pas ?

L'AMI.

Vous oserez attaquer ce colosse puissant que ni les Chateaubriand, ni les Béllune, ni les efforts réunis de six journaux de tout bord n'ont pu ébranler !

MOI.

Oui, j'en aurai le courage. Il est de mon devoir, comme sujet dévoué d'un Bourbon, comme royaliste à toute épreuve, de faire connaître à la France combien l'administration se trouve aujourd'hui viciée jusque dans sa racine. C'est là qu'il faut atteindre le mal pour l'extirper entièrement.

L'AMI.

Ah ! mon pauvre ami, aurez-vous la main assez sûre pour lui porter des coups décisifs à cette racine, entourée comme elle est de ronces parasites qui, végétant auprès d'elle, et nourries des sucs qu'elles lui soutirent, ont tant d'intérêt à la garantir de toute atteinte ?

Mais changeons de figure ! Ne sera-ce pas plutôt, comme nous l'apprend le bon *La Fontaine*, le pot de terre et le pot de fer ?

MOI.

Grand merci de la comparaison ! si elle n'est pas très-flatteuse, elle prouve au moins l'intérêt que vous me portez ; mais permettez-moi de vous faire observer qu'elle cloche un peu. Au train dont y va M. de Villèle, et d'après la route qu'il suit, nous n'irons probablement jamais de compagnie ; je n'ai donc rien à craindre de son choc ; d'ailleurs, si je ne suis pas de fer, je suis un peu de la nature du grès, et je puis à la longue ronger l'acier le plus dur. Va donc pour LE POT DE TERRE ET LE POT DE FER.

L'AMI.

Je vois bien, mon cher, que ce n'est pas en vous citant des apologues que je parviendrai à modérer votre ardeur généreuse ; mais expliquez-moi, je vous prie, comment il se fait que vous ayez à vous plaindre aujourd'hui de M. de Villèle ; il me semble que ce ministre vous protégeait jadis ?...

MOI.

Dites donc qu'il me bernait de promesses et d'assurances de protection ; alors il montait...., et le plus faible appui pouvait au besoin lui faire gravir encore un échelon ; mais à présent.....

On demandait un jour à Diogène, que tout le monde appelait *chien*, de quelle espèce il était : « *Quand j'ai faim*, dit-il, *je tiens du lévrier, je caresse ; mais lorsque j'ai mangé, je suis dogue, je mords.* »

Vous voyez, mon ami, que je sais, comme un autre, citer à propos et assez juste.

L'AMI.

Mais pas trop mal ! Et pourquoi M. de Villèle vous mord-il aujourd'hui ?

MOI.

M. de Villèle me garde rancune parce que j'ai fait connaître, dans mon premier Mémoire, ce qu'il pensait de M. le directeur-général de Saint-Cricq, qu'il savait, *disait-il*, n'être pas de la même religion politique que lui (1).

L'AMI.

Ah! j'entends, vous lui faisiez indirectement un reproche de l'avoir conservé, malgré cette hérésie avérée, à la tête d'une administration si importante. Eh bien! ne l'a-t-il pas mordu aussi? Que vous faut-il de plus? Voulez-vous qu'il morde tout le monde? Les rentiers n'ont-ils pas encore assez de peur de ses morsures? N'a-t-il pas atteint récemment d'un seul coup de dent je ne sais combien d'officiers-généraux?

---

(1) Voir *la Justice de M. de Saint-Cricq*, page 59.

MOI.

Non, mon ami; loin de désirer que M. de Villèle morde qui que ce soit, je voudrais au contraire qu'il fermât enfin pour toujours quelques énormes bouches encore *anhélantes* depuis plus de trente ans, et auxquelles il s'est contenté jusqu'à présent d'appliquer, aux dépens des contribuables, *des muselières d'or* qui ne s'ouvrent que trop facilement lorsqu'il s'agit de dévorer d'une autre manière et à petit bruit les hommes d'honneur, les hommes à conscience qui se font un devoir de la foi des sermens.

L'AMI.

Je conviens, en effet, qu'il existe encore dans les bureaux de l'administration actuelle bien de ces physionomies effrayantes qui me frappent de terreur quand j'y suis appelé par mes affaires ; mais espérons, mon cher, que sous le règne de CHARLES X, nous les verrons enfin disparaître tout à fait. Déjà des mesures d'économie annoncées par le ministère deviennent un moyen tout naturel d'éliminer ces sangsues.

MOI.

Combien vous êtes dans l'erreur ! ces prétendues épargnes que l'on fait sonner bien haut tous les ans à l'époque de l'ouverture des Chambres, pour avoir l'air d'apporter la plus sévère économie dans la répartition des revenus de l'État, toutes ces réformes mesquines et scandaleuses, par le motif dont on les justifie, ne tombent, je vous le dis, que sur des employés subalternes, sur des pères de famille laborieux et vraiment utiles, ou sur de jeunes expéditionnaires fils d'émigrés, de Vendéens et de braves officiers morts au champ d'honneur, que le ministère trouve sans doute trop généreusement dédommagés par des appointemens de 12 à 1500 francs. Mais les *gros bonnets*, chefs supérieurs, de division, etc., ces inamovibles de la république, de l'empire et de la restauration, si largement rétribués, savent toujours se soustraire à la faucille ministérielle, grâce à quelques souvenirs : heureux fruits d'un mutuel échange de services prêtés et rendus alternativement dans les circonstances critiques.

L'AMI.

Allons, mon cher, je me rends ; écrivez, puisqu'il le faut ; mais gardez, croyez-moi, une juste mesure ! Quels que soient vos griefs, point de personnalité, point d'attaque directe ! Les gens du monde, les hommes comme il faut, ne les aiment point ; ils prétendent même que cela peut gâter la meilleure cause.

MOI.

Et c'est vous, mon ami, qui me conseillez une pareille faiblesse ! Qui moi ! je consentirais à atténuer par de fausses considérations l'effet d'un écrit que je crois essentiellement utile au Roi et à la France ! Non,

non. Sous le règne de Charles X, du monarque bien-aimé qui nous a rendu la liberté de la presse, on ne saurait mieux témoigner sa reconnaissance d'un tel bienfait, qu'en lui faisant connaître sans restriction ce qui peut intéresser le salut de la monarchie légitime, et surtout le bonheur de ses sujets, qu'il porte tous également dans son cœur paternel. J'écrirai donc suivant mon honneur et conscience, et j'attendrai en toute confiance de mon gracieux Souverain et de mon bon droit, la justice qui m'est déniée depuis si long-temps.

Sperate miseri, cavete felices!

LE
POT DE TERRE
ET LE
POT DE FER.

J'AI déjà démontré évidemment, dans mes deux écrits sur les douanes, quels étaient les principes subversifs de M. de Saint-Cricq et de ses agens supérieurs. M. le comte n'étant plus rien dans le monde politique, il serait peu généreux de ma part de l'attaquer de nouveau, bien qu'il ne cesse lui-même de me poursuivre de l'influence qu'il conserve encore dans cette administration (1). Je le lais-

---

(1) L'influence de M. de Saint-Cricq dans l'administration des douanes sous la direction de M. de Vaulchier, était encore si manifeste, que lorsque ce dernier est passé à celle des postes, un journal (*la Quotidienne* du 14 août 1824) a cru devoir lui dire que là il apprendrait, par l'his-

serai donc remplir modestement, mais sans doute avec zèle, les fonctions inaperçues de président du bureau de commerce, dont le conseil supérieur n'a été assemblé qu'une seule fois depuis sa création, et par ordre exprès du Roi (1).

C'est de M. de Villèle que je vais m'occuper maintenant. Je tâcherai de prouver combien ce génie transcendant, cet *autre* Richelieu, offre chaque jour de nouvelles garanties à la monarchie des Bourbons, autant par le zèle qu'il met à protéger leurs vrais serviteurs que par le soin avec lequel il purge les administrations des constans ennemis de la légitimité. M. de Saint-Cricq a gardé sur de justes imputations un silence qui s'explique de lui-même : M. de Villèle daignera-t-il me répondre ?

---

toire de ses prédécesseurs, ce que pouvait un chef intrigant, même après son expulsion, et que l'exemple de M. le comte Ferrand lui ouvrirait sans doute les yeux sur les menées du Lavalette des douanes.

(1) Ce conseil de commerce annoncé avec tant d'éclat, et créé en vertu d'une ordonnance précédée de pompeux considérans, laisse encore à deviner quels sont les résultats de sa formation et les fruits de ses travaux : c'est bien *la montagne accouchant d'une souris.*

En juin 1822, témoin obligé d'abus sans nombre et de coupables manœuvres qui se pratiquaient sans relâche dans l'administration des douanes, je crus devoir en écrire à Son Excellence le ministre des finances. « *Au nom de Dieu, monseigneur*, lui disais-je, *empêchez tout le mal qu'on se propose de faire.* « *Les inspecteurs-généraux voyagent sur toutes les frontières et dans toutes les directions, partout ils s'attachent à donner des assurances aux révolutionnaires, aux hommes des cent-jours, enfin aux ennemis quelconques des Bourbons et de tout ce qui est royaliste* (1). »

Dans le courant du même mois, *étant venu à Paris en permission*, j'eus l'honneur de voir Son Excellence et de lui rappeler le contenu de ma lettre, en lui donnant même de nouveaux avis. M. de Villèle voulut bien me tranquilliser, et me dire, en m'engageant à retourner à mon poste, *qu'il savait tout, qu'il veillait à tout, et qu'il y porterait un prompt re-*

---

(1) J'ai déjà prouvé dans mon premier écrit l'inutilité des inspecteurs-généraux des douanes, qui coûtent à la France plus de 300,000 francs par an, pour desservir son Roi légitime. (Voir la brochure *de la Justice de M. de Saint-Cricq*, page 17, et la suite, page 45.)

mède. Toujours prêt à promettre, à prévenir même les sollicitations (*quitte à ne pas tenir*), le ministre m'assura qu'il avait songé à moi pour la recette principale de Solre-le-Château, qui était occupée, *me dit-il,* par un homme dont on connaissait bien les mauvais principes.

Comptant naïvement sur ce que Son Excellence m'avait dit, je crus devoir cesser toute autre démarche. J'étais loin de soupçonner qu'un ministre du Roi pût se jouer ainsi gratuitement de la crédulité d'un homme d'honneur, et je partis gaîment avec l'heureux espoir qu'il m'avait donné, mais plus satisfait encore, je puis le dire, de l'expectative de voir bientôt les ennemis de la monarchie de saint Louis privés de tout moyen de nuire.

Mais quels furent les effets de cette sollicitude active du ministre, et de ce zèle si vanté pour le service des Bourbons?

Je vis le sieur Beuzard, receveur principal, à Solre-le-Château (*le même Beuzard dont M. de Villèle m'avait dit connaître les mauvais principes*), le sieur Beuzard, qui, dans son poste de Beaumont pendant les cent-jours, avait témoigné tant de haine pour la famille royale, que tous les habitans, après cette nouvelle et heureusement si courte usurpation, demandèrent unanimement à l'administration des douanes qu'il en fût chassé comme indigne, ou tout au moins qu'il ne restât plus parmi eux; je le vis, dis-je, passer avec avantage à la recette principale de Rocroy.

Je vis le sieur Cochon, fils d'un régicide, succéder aussi avec avantage et augmentation d'honoraires au sieur Beuzard, à Solre-le-Château, et dans le même emploi dont m'avait naguère leurré *ce bon* M. de Villèle.

Je vis le sieur Delausne, inspecteur audit Solre-le-Château, le sieur *Delausne, chassé de Dieppe après les cent-jours, par ordre de* MADAME (1), envoyé aussi avec avantage à Forbach pour remplacer le receveur principal, M. Magnier, brave et fidèle royaliste, parfait honnête homme et père de famille, qui fut mis à la retraite, et mourut de chagrin de ne pouvoir laisser la survivance de son emploi à son fils aîné, digne en tout de lui succéder.

Pourquoi n'a-t-on pas respecté les ordres de MADAME? M. de Villèle pourra-t-il allé-

---

(1) Voir *la Justice de M. de Saint-Cricq*, page 48

guer qu'il ignorait l'infâme conduite de cet employé?.... Non : j'en avais mis les preuves sous ses yeux.

Voilà ce que j'ai vu par moi-même dans la direction de Valenciennes : toutes les directions de France, en commençant par celle de Charleville, et circulairement jusqu'à celle de Dunkerque, offrent les mêmes exemples, effrayans pour les amis de la monarchie, de l'ingénieuse persécution des royalistes, et de la constante faveur accordée aux incurables de la révolution et de l'empire.

Citerai-je la recette principale de Sedan, donnée en 1822 au sieur Turck, chassé de Valenciennes après les cent-jours, et replacé d'abord en Corse, parce qu'on n'osait pas le remettre trop tôt en évidence?

Parlerai-je du sieur Clergé, maintenu dans la direction de Perpignan, malgré les rapports défavorables et les plaintes accumulées contre lui par tout ce qu'il y a de bien pensant dans le département des Pyrénées-Orientales (1)?

---

(1) Le sieur Clergé, connu dans les douanes par ses hauts faits à l'époque des cent-jours, avait été destitué par pudeur, et privé d'emploi pendant deux ans. Il fallait bien

Mais à quoi bon prolonger ici la hideuse nomenclature d'actes trop connus de toute la France (1)!

Et c'est sous un ministère prétendu royaliste, sous celui que les plus honnêtes gens

---

le dédommager : M. de Saint-Cricq le nomma directeur à Perpignan, où il se trouva heureusement placé lors de l'hésitation que le président du conseil des ministres mettait à entreprendre la guerre d'Espagne, et où, de concert avec le contrôleur Dussomerard, *ejusdem farinæ*, il fut à même de satisfaire en toute liberté ses anciennes haines et ses prédilections, en faisant briser à la frontière les fusils des soldats de la Foi, de ces fidèles Espagnols qu'on renvoyait ainsi désarmés, et trompés par une funeste confiance dans la loyauté française, se laisser égorger sans défense par le couteau des Mina et des Riégo.

(1) Je puis citer à cette occasion ce que j'ai vu et entendu moi-même à mon retour de Catalogne. Une bonne femme de Saint-Laurent, près Perpignan, où j'allais m'embarquer pour Marseille, et qui me servait de guide, me dit : « Mon « mari et mon beau-frère ont été fusillés pendant les cent-« jours, pour avoir sauvé la vie à M. le duc d'Escars, qui « allait joindre Mgr le duc d'Angoulême. Notre bon Roi m'a « fait, ainsi qu'à ma belle-sœur, une pension de 600 francs « à chacune. Eh bien! monsieur, nous la donnerions volon-« tiers toutes deux pour qu'il pût savoir ce qui se fait et se « dit dans ces maudites douanes contre lui et ceux qui l'ai-« ment. » (M. Clergé était alors chef de cette direction; il l'est encore.)

du royaume, trompés par de fausses démonstrations, par un vrai patelinage qui masquait une ambition égoïste et rétrécie, avaient désiré long-temps et amené enfin de tous leurs moyens; c'est sous un tel ministère que l'on a vu de semblables promotions et de pareils gages donnés aux révolutionnaires!

Découragé, mais non encore désabusé, je pris cependant le parti de ne plus écrire à M. de Villèle, me bornant à correspondre désormais à ce sujet avec de vrais royalistes, avec de nobles pairs, d'honorables députés, mes protecteurs et mes amis, hommes éminemment monarchiques, *fidèles par-dessus tout*, et dont la conduite jamais démentie a constamment prouvé combien ils préféraient aux honneurs, aux richesses, l'estime de leur Roi et la sanction de leur conscience.

Toutefois, dans cet état de choses, une naïve confiance me restait encore. Je patientai long-temps, me fiant toujours aux paroles dorées de M. de Villèle; et j'arrivai enfin, sans m'en douter, de promesse en protestation, et de protestation en gasconnade, jusqu'à ma destitution, *proposée par M. de Saint-Cricq, directeur-général, consentie par le* conseil d'administration des douanes, malgré l'opposition de l'un de ses membres, et sanctionnée par le ministre des finances. Cette injustice, motivée uniquement sur mon affaire avec le sieur *Rondet*, étonna et indigna même, j'ose le dire, tous les honnêtes gens de ma résidence (1).

---

(1) La Saint-Louis approchait. M. le prince de Croï avait envoyé, à l'occasion de cette fête, aux jeunes gens de Solre-le-Château, de superbes drapeaux fleurdelisés. Cette aimable jeunesse, pour ajouter à cette solennité, désirait avoir des musiciens, et comme en pareille circonstance on se les dispute, je fus chargé d'aller, avec le fils du maire de Solre, à Beaumont (Belgique), pour en arrêter trente-deux, ce que nous fîmes de notre mieux. A notre retour, en rendant compte de notre mission, je crus pouvoir répéter ce que m'avaient dit des dames très-considérées dans le pays, que si nous avions employé, pour nous assurer de ces musiciens, une somme un peu forte, il n'y avait que des ennemis du Roi, des jacobins qui pourraient le trouver mauvais. A peine avais-je dit ces mots, que le sieur Rondet, percepteur des contributions, me demanda de quoi j'avais à me plaindre pour insulter ainsi d'honnêtes gens. Je ne lui répondis pas; mais je me contentai de demander à mon camarade si ce monsieur avait par hasard quelque raison de se trouver blessé de ce que je venais de dire............. Je continuai ma route. A peine avais-je fait quelques pas, que je fus assailli à l'improviste et renversé par le sieur Rondet, qu'on empêcha heureusement de m'assassiner. Je fus

Qu'il est facile d'abuser un homme d'honneur ! N'ayant point encore tout à fait ouvert les yeux sur la déception administrative de

transporté chez moi, où je gardai le lit pendant neuf jours.

Dans cet intervalle, deux de mes chefs, *braves gens* qui m'avaient blâmé la veille de me donner tant de peine pour si peu de chose que la fête du Roi ; MM. van Ostromme, inspecteur, et Cochon, receveur principal, prirent secrètement des informations pour savoir quel parti l'on pouvait tirer de cet évènement contre un homme qu'on avait résolu de perdre.

Cependant cette affaire fut d'abord jugée à Avesnes ; et plus tard, par appel *de minimâ* de M. le procureur du Roi, le sieur Rondet fut définitivement condamné, à Douai, en un mois de prison et aux frais, dommages et intérêts. Mais sans doute alors le ministère préludait déjà, par de petits essais ignorés, et loin de la capitale, au mépris insultant qu'il devait montrer plus tard dans tout son jour pour les arrêts des Cours de justice qui contrarient ses affections et ses petites haines. Ce fut moi, battu, qui payai l'amende ; je perdis mon emploi, et le sieur Rondet fut maintenu dans le sien.

Voilà, comme je l'ai appris depuis à n'en pouvoir douter, la cause, l'unique cause, disons mieux, le prétexte de ma destitution, prononcée avec tant d'étalage, et sans que la sanction de M. le ministre des finances fût aucunement nécessaire. J'affirme encore de nouveau que M. de Lavigerie m'a dit s'y être opposé, parce qu'on ne pouvait lui en donner d'autre motif que l'affaire Rondet.

M. de Villèle, je vins à Paris. Son Excellence me reçut affectueusement. (*On lui doit cette justice de dire qu'elle recevait alors ainsi tout le monde :* 1822.) Le ministre m'assura qu'il était prêt à tout faire pour moi ; il en dit autant à plusieurs nobles pairs qui s'intéressaient à ma disgrace ; et moi, séduit encore une fois par cette vivacité gasconne, par cette verbosité cauteleuse, je crus bénévolement à des protestations bannales comme à des paroles sacramentelles ; mais que me resta-t-il au bout de tout cela ?...... de l'eau bénite de cour !

La guerre d'Espagne, commencée sur ces entrefaites, me fournit l'occasion de donner de nouvelles preuves de dévouement et de zèle pour l'auguste famille de nos Rois. Ne pouvant obtenir justice aux douanes, je cherchai à me rendre utile ailleurs, et je partis comme employé des postes militaires du 4ᵉ corps d'armée. Mes deux écrits précédens ont déjà prouvé combien j'ai été persécuté ; le certificat ci-joint du grand-prévôt de l'amée de Catalogne vient encore ajouter à la manifestation de cette vérité (1).

---

(1) Je soussigné certifie qu'ayant connu M. Paulmier,

Me voilà donc évidemment l'objet d'une trame infernale. Mais qui me poursuivait avec tant d'acharnement et par des moyens si bas?

Eclairé aujourd'hui par la conduite patente de M. de Villèle, aurais-je tort de soupçonner que j'ai pu être en 1822, victime d'une combinaison nouvelle, et que le sacrifice de mes intérêts fut probablement une des conditions réciproques de quelque pacte

---

employé des postes militaires à l'armée de Catalogne dès notre entrée en campagne, je ne l'ai jamais vu qu'avec d'honnêtes gens, même au-dessus de lui par leur place ; qu'ayant moi-même distingué son dévouement parmi tant d'autres employés, je fus très-étonné lorsque j'appris tous les propos que l'on tenait contre lui, et que je crus devoir prendre des renseignemens, ce qui me fit acquérir la certitude que ces propos étaient occasionnés par des écrits anonymes venus de France ; que M. Paulmier était poursuivi par des méchans et des jaloux qui avaient su même faire mettre en avant plusieurs personnes, lesquelles ont déclaré n'avoir rien à lui reprocher, et que tous les propos qu'on leur prêtait étaient faux ; que M. Paulmier, dégoûté par les désagrémens qu'il éprouva par suite de ces méchancetés, n'écouta plus que son désespoir, et donna avec trop de facilité et de précipitation sa démission, sur laquelle ses amis le forcèrent de revenir, en lui faisant observer que c'était donner gain de cause à ses ennemis, et qu'il la révoqua, demandant à être mis en jugement si l'on avait le moindre re-

secret entre le ministre des finances et le directeur-général des douanes (M. de Saint-Cricq)?

C'est sans doute aussi pour sceller de pareilles transactions, que le directeur des douanes de Montpellier, M. de Mussey, dont le père donna, dans l'émigration, de si grandes preuves de dévouement aux Bourbons, M. de Mussey, qui, après avoir fait la cam-

---

proche à lui faire; qu'il vint lui-même me prier d'éclaircir cette affaire. Ces renseignemens pris, j'obtins la pleine conviction qu'il était malheureux, victime de la méchanceté, mais non coupable; et je vis avec peine, de même que tous les fidèles serviteurs du Roi, qu'il fût traité ainsi et obligé de quitter l'armée, où il ne pouvait faire que du bien, d'après son dévouement, son intelligence et sa bonne conduite depuis notre entrée en campagne. J'ajoute, de plus, que son dévouement aux Bourbons, depuis 1813, a été prouvé par de nobles antécédens.

A Grenoble, le 25 décembre 1823.

Le colonel, grand-prévôt commandant la force publique de l'armée de Catalogne, actuellement commandant la 18e légion de l'arme, chevalier des ordres royaux de Saint-Louis, de Saint-Ferdinand, officier de la Légion-d'Honneur et chevalier de l'ordre de Malte,

Comte DE VALORY.

pagne du Midi avec Mgr le duc d'Angoulême, fournit, à Cette, aux frais de l'embarquement de S. A. R. pour Barcelonne, fut destitué le même jour que moi, et remplacé par qui, bon Dieu! par le sieur Dobsen, fils du président de l'infâme tribunal qui assassina juridiquement la reine de France et Mme Elisabeth!

Ne savez-vous point cela, monsieur de Villèle? S. A. R. MONSIEUR, aujourd'hui roi, ne vous a-t-il pas écrit en faveur de M. de Mussey? Quel cas avez-vous fait de cette lettre (1)? Est-elle restée dans les car-

---

(1) Comment M. de Villèle rendrait-il justice à M. de Mussey et à moi, quand il conserve à la tête du bureau de commerce un ancien agent de l'infâme comité d'*extermination publique*?

MM. Clergé, Gros, Etienne, directeurs et chefs de division des douanes, préposés sous la ferme générale, hommes d'un mérite distingué et dévoués à la dynastie légitime (ce qui leur avait valu d'être persécutés sous la terreur), viennent de perdre aussi leurs places.

Les administrations des postes, des contributions indirectes, etc., sont ainsi également désorganisées par l'expulsion des meilleurs employés et des sujets les plus fidèles.

Quelle âme doit donc avoir M. le ministre des finances pour rester ainsi froid et insensible à la désolation qu'il

tons de M. de Renneville, comme tant d'autres pièces, desquelles dépend l'existence d'honnêtes gens (1)?

Cependant, je n'étais pas entièrement abandonné; d'augustes bienfaits, qui honorent ceux qui en sont les objets, me facili-

---

porte dans ces malheureuses familles, sous l'odieux prétexte de la plus mesquine économie!

M. de Villèle croit-il avoir le droit de traiter de bons Français, dont il méconnaît les anciens services, comme s'il avait encore à faire à ses esclaves de l'île de France?.... *Ah! si le Roi le savait!*

(1) Ce M. de Renneville, dont on parle tant dans le monde (*je veux bien croire que c'est pour son mérite personnel, et non parce qu'il appartient à M. de Villèle*), ce M. de Renneville, que j'ai eu occasion de voir une fois, m'a laissé dans un doute d'identité que j'aurais à cœur de résoudre. Envoyé auprès de lui par Son Excellence, et bien que je fusse précédé par un huissier chargé de me conduire, je ne puis m'empêcher de croire encore qu'il y eût erreur de la part de cet officier ministériel; car au lieu de trouver, comme je m'y attendais, un personnage grave et réfléchi, tel enfin que je me figurais le secrétaire intime d'un homme d'État, du président du conseil des ministres, il me sembla voir un maître de danse, ou tout au moins un jeune homme se disposant à une partie de barres, tant il me parut *sautillant, frétillant, babillant*, pendant les quelques secondes d'audience qu'il eut l'air de m'accorder.

tèrent les moyens d'atteindre l'époque, où enfin justice fut faite, *du moins en partie*. Le 20 mars 1824, M. de Saint-Cricq fut remplacé aux douanes par M. le marquis de Vaulchier (1). Tout le monde s'en réjouit, et je reçus de tous côtés des complimens de félicitation.

J'eus l'honneur de voir le nouveau directeur-général, qui me reçut très-gracieusement, et me promit de s'occuper de moi : *Je connais vos malheurs et leur cause*, me dit-il, *justice vous sera rendue*. »

Je devais, en effet, me croire au moment de l'obtenir. J'ignorais alors, malgré quelques avis donnés par l'amitié, que je me trouvais en présence de *l'homme* de M. de

---

(1) Napoléon aimait beaucoup les anniversaires. Comment M. de Saint-Cricq a-t-il trouvé celui du 20 mars ? A pareil jour, en 1815, il se fit un mérite de prouver son dévouement au grand homme, en sollicitant la faveur de le servir dans des fonctions secondaires ; et en 1824, son illustre ami M. de Villèle choisit malignement le retour d'un jour si mémorable pour lui annoncer, par une ordonnance insérée au *Moniteur*, qu'il n'est plus directeur-général des douanes. Fiez-vous, après cela, à l'amitié d'un *ministre gascon* !

Corbière (1); mais ce que j'appris plus tard ne confirma que trop ce que l'on m'avait fait pressentir.

Serait-il donc vrai que M. de Vaulchier eût dit un jour à M. Hains, administrateur des douanes, dans un moment d'abandon, dans un accès d'épanchement : « *Mais je ne sais pas, tous ces hobereaux de province arrivent en foule pour me demander des emplois! je suis venu ici pour ne rien changer; je n'ai point du tout mission de placer ni de déplacer qui que ce soit, et je ne veux faire aucun changement.* »

En vérité, ne devait-il pas sembler bien extraordinaire à M. le marquis, que des *hobereaux de province*, de fidèles royalistes, d'honnêtes gens spoliés par la révolution, eussent la bonhomie de croire que, sous un directeur-général des douanes, royaliste lui-même (*ou du moins ayant la prétention de passer pour tel*), il leur restât quelque chance de réparer en partie, par un travail pénible et des occupations peu analogues à leur ancien bien-être, les désastres qu'une constante fidélité à l'au-

---

(1) Propres paroles de Son Excellence dans un conseil des ministres.

guste famille naguère malheureuse comme eux, avait accumulés sur leur tête dévouée? Et c'est un des premiers fonctionnaires de l'Etat, *l'homme* d'un ministre du roi de France, qui se permet d'insulter ainsi froidement au malheur, fruit de la loyauté et de la foi des sermens!

Cependant, M. de Vaulchier m'annonçait alors des intentions plus généreuses. (*Il n'avait pas encore eu le temps de respirer à longs traits l'air infect de cet hôtel des douanes!*) Il me fit même l'honneur de me consulter sur le bien qu'il pouvait opérer dans ses nouvelles fonctions; il me remercia de lui avoir appris combien, entre autres sinécures, la douane de Paris est onéreuse pour l'État, tandis qu'elle ne sert qu'à entraver le commerce, et même à favoriser la contrebande (1).

---

(1) Avant la révolution, la France était couverte de douanes intérieures le long des provinces réputées étrangères. A la demande du commerce de Paris et de Lyon, il fut établi deux bureaux dans ces deux villes, où les marchandises expédiées pour l'étranger étaient visitées et plombées, afin que les ballots ne fussent pas ouverts de nouveau à la frontière, ce qui pouvait les détériorer. Les frais de ces établissemens étaient entièrement supportés par les négocians. En 1792, ces douanes furent supprimées comme absolument

Puis prenant un ton familier et presque amical, il voulut bien me dire : « *Au moins,*

---

inutiles. *Buonaparte les rétablit.* Elles coûtent aujourd'hui immensément à l'État (surtout celle de Paris, de 4 à 500,000 francs); et, ce qui est encore pis, elles sont une source d'abus, par les fréquentes substitutions que cette fausse mesure provoque.

Que M. de Vaulchier veuille bien se rappeler à ce sujet les tapis de pied venus de Turquie par Toulon, et les chiffons, poils de lapin, etc., etc.

Il ne devrait exister de douanes qu'aux frontières, pour y exercer les visites les plus exactes sur tous les colis qui arrivent de l'étranger. Quant aux produits de l'industrie française, on ferait mieux de leur accorder la plus libre circulation dans l'intérieur. Plus de plombs, que ceux qu'il peut convenir au commerce de faire apposer sur les ballots, et non ceux qui ne peuvent servir qu'à enrichir les préposés. Nuls droits, pas même ceux dits de *la balance du commerce.* La France ne peut que gagner par ses exportations, que l'on ferait même bien d'encourager encore par des primes habilement calculées. Pourquoi ne se bornerait-on pas à exiger dans tous les bureaux des frontières, une simple déclaration des marchandises qui sortent, et dont les négocians n'auront plus alors intérêt à déguiser ni l'espèce ni la quantité ? Cette déclaration ne suffirait-elle pas pour obtenir, bien mieux que par le passé, cette prétendue balance du commerce, dont les résultats produits jusqu'à ce jour n'ont pu être établis d'après aucune base certaine, aucune donnée positive ? On peut s'en assurer par l'erreur commise, en

« *monsieur Paulmier, si vous publiez jamais un*
« *troisième écrit, je suis bien sûr que vous ne*
« *m'accuserez pas de ne point être royaliste.* »

Le voici, ce troisième écrit ; et sans attaquer ni défendre la gestion de M. de Vaulchier dans les douanes, je me contenterai de faire connaître en partie ce qui m'en est parvenu. Je laisse à l'opinion publique de prononcer jusqu'à quel point M. le marquis est digne de ce titre de *royaliste* qu'il paraît ambitionner toujours (1).

M. Hains, administrateur des douanes, M. Hains, qui n'a pas craint de dire un jour à l'un de ses collègues, qu'il voyait frémir en entendant prononcer le nom du sieur Dobsen, fils d'un des assassins de la Reine (au-

---

1822, par M. le directeur-général comte de Saint-Cricq. (*Voyez* page 27.)

(1) « Qu'as-tu fait pour être pendu en cas de contre-révolution ? » demandaient les jacobins aux hommes à qui ils se voyaient dans le cas d'accorder leur confiance ombrageuse. Qu'as-tu fait pour prouver ton dévouement à la légitimité ? devrait-on demander enfin à ces caméléons politiques, fonctionnaires de toutes les époques, serviteurs de tous les pouvoirs, courtisans de tous les chefs de gouvernement, à qui les protestations de la fidélité sont aussi familières que les actes du parjure.

jourd'hui directeur à Montpellier) : « *Mais,* « *qu'avez-vous donc, monsieur, contre cette fa-* « *mille? Le père était mon ami, et je protégerai* « *toujours le fils* (1). » M. Hains a conservé, sous la direction générale de M. de Vaulchier, assez d'influence pour maintenir, malgré les règlemens et contre tout principe régulier d'administration, son frère et son beau-frère, l'un en qualité de directeur, et l'autre comme receveur principal sur le même point, à Marseille.

Loin de moi l'idée d'éveiller hors de propos, à ce sujet, les craintes du directeur-général des douanes; car si, *par impossible,* M. Vimont, le receveur principal, se rendait coupable de malversation ou de péculat, ne serait-il pas sur le champ sévèrement contrôlé par son beau-frère M. Hains, le directeur, qui transmettrait, sans perte de temps, sa plainte au conseil-général à Paris, où l'autre beau-frère M. Hains, l'administrateur, cet homme intègre, dont les sentimens sont plus que *romains* (si l'on en croit sa conduite pendant la révolution), n'hésiterait sans doute pas,

---

(1) *Dis-moi qui tu hantes, je te dirai qui tu es.* M. Hains était aussi l'ami intime du fameux Hébert.

nouveau Brutus, à sacrifier les liens du sang aux intérêts de l'Etat.

Mais alors, me dira-t-on, pourquoi en parlez-vous? A cela je répondrai que, *à tout évènement*, je suis bien aise que ma remarque subsiste.

J'ai déjà fait mention, dans mon second Mémoire (1), de M. Armand de Saint-Cricq, nommé par son oncle receveur des douanes du Havre, au détriment de M. Portier, ancien et habile employé, connu et estimé généralement de tous les négocians de cette ville, lequel fut obligé de se démettre de sa place pour se plier aux vues ambitieuses de cette fourmilière de fils, neveux et cousins, à qui M. le directeur-général croyait probablement transmettre par intuition l'exubérance de son génie supérieur. M. Armand de Saint-Cricq, qui, sous l'administration de son oncle, logé à Paris, en face de l'hôtel d'Uzès, ne quittait presque pas la capitale, s'est enfin résigné, sous celle de M. de Vaulchier, au désagrément d'une résidence en province, payée, à la vérité, d'un traitement

---

(1) Page 42.

qui, avec les *bonnes chances*, peut bien aller jusqu'à *cent mille francs*.

Déjà, lors de son arrivée au Havre, la munificence qui suivait partout la famille du directeur-général de Saint-Cricq, avait fait faire de 8 à 10,000 fr. de frais pour mieux distribuer et rendre plus commode l'appartement qui devait recevoir le cher neveu. Pour l'agrandir, on y réunit même celui de l'inspecteur sédentaire, **M. Florimont**, qu'il fallut loger ailleurs aux frais de l'Etat, moyennant 1500 fr. par an, et qui se trouva ainsi éloigné de la douane, où sa présence est cependant indispensable, pour les expéditions urgentes et imprévues que nécessitent à chaque instant l'entrée et la sortie des navires et des paquebots. Ce domicile, trouvé trop étroit par M. Armand de Saint-Cricq, avait néanmoins suffi à l'un de ses devanciers, père de six enfans, qu'il avait auprès de lui. M. Armand de Saint-Cricq n'a pour toute famille qu'une épouse et un seul rejeton.

Le magasin de la douane (le seul qui existe au Havre), bâtiment à trois étages, servait entièrement, et suffisait à peine jadis à renfermer, pendant un temps plus ou moins long, les marchandises entreposées. M. le receveur Armand de Saint-Cricq jugea plus convenable d'en disposer autrement. Le rez-de-chaussée, transformé en écurie et remises, se remplit d'équipages et de chevaux. Le troisième étage devint un grenier. La cour n'étant que de peu d'étendue et sans proportion avec l'accroissement du commerce, il est aisé de concevoir ce que doit souffrir le service dans un lieu obstrué continuellement de voitures, et comblé de fumier croupissant à deux pas de l'endroit où les marchandises sont visitées et pesées journellement; quant à celles qu'il fallait entreposer, elles se trouvèrent dès lors placées au premier et deuxième étages, entre la litière de l'écurie au rez-de-chaussée, et le foin du grenier au troisième étage, sans aucune garantie pour leur conservation.

Voilà ce qui fut fait sous M. le directeur-général *comte* de Saint-Cricq; voyons ce qui s'est pratiqué plus tard sous le directeur-général marquis de Vaulchier.

Les receveurs du Havre qui ont précédé M. Armand de Saint-Cricq, employaient depuis long-temps, pour le travail de leur bureau particulier, un sieur Rousselin, à qui ils payaient annuellement de leurs propres deniers la somme de 900 fr. M. de Saint-Cricq, pour s'affranchir de cette modique dépense, fit d'abord nommer M. Rousselin vérificateur au bureau d'Etretat, sans que ce commis eût été préalablement surnuméraire, et au préjudice des employés de l'Etat, qui l'étaient depuis plusieurs années. Quels pouvaient être les motifs de ce passe-droit et de cette faveur? Les voici : M. Rousselin, au lieu de se rendre à son poste, n'en resta pas moins au Havre auprès du receveur, qui se trouva ainsi dispensé de le payer lui-même (ce nouvel emploi valant 800 fr.). M. Rousselin, nommé depuis à la recette de Trouvelle, qu'il occupe dans ce moment, a été remplacé, dans son emploi de vérificateur d'Etretat, par le sieur Lozé, qui est resté également au Havre à la disposition du receveur. C'est ainsi que M. Armand de Saint-Cricq emploie aussi gratuitement, pour sa correspondance, un commis aux expéditions, le sieur Mores, et que le bureau de la douane se trouve privé du service de cet employé, rétribué par l'Etat de 1600 fr. par an. Et cependant, tous ces faits sont connus de la généralité des individus attachés à la douane du Havre! Que doivent-ils, que peuvent-ils penser du chef d'une administration où l'on tolère de pareils abus? L'inspecteur-général chargé de faire des tournées dans ce département, n'a pu les ignorer; il a dû en faire son rapport, et ils subsistent encore. On conçoit que, sous la direction générale de M. de Saint-Cricq, la crainte de déplaire à l'oncle ait pu fermer bien des yeux sur les malversations du neveu; mais comment, sous celle de M. de Vaulchier, a-t-on pu justifier une pareille complaisance? Pourquoi l'Etat paierait-il encore, sous celle de M. de Castelbajac, des employés qui ne seraient pas tenus à résidence, et qui se trouveraient ainsi distraits de leurs fonctions légales, pour la commodité et l'avantage pécuniaire de tel ou tel de leurs supérieurs?

Le receveur actuel du Havre, dont l'emploi, comme je l'ai déjà dit, rapporte, année commune, de 100 à 120,000 fr., se permet encore de misérables grapillages que je vais signaler.

Le commerce, que le gouvernement a toujours intérêt de favoriser, jouit d'un crédit de trois mois pour acquitter les droits d'entrée. Ce crédit, dont la durée ni la latitude ne sont point laissées à la discrétion du receveur, puisqu'il ne s'obtient que par la consignation d'une quantité de marchandises suffisante pour représenter la valeur des droits à payer, est cependant devenu très-fructueux pour lui. Il n'est tenu à aucune garantie ; il ne court aucun risque, vu qu'il ne laisse sortir les marchandises entreposées qu'après le paiement intégral, et cependant il perçoit dessus, pour son propre compte, un droit de demi pour 100 par mois. Cet impôt illégal a suivi son cours sous la direction générale de M. de Saint-Cricq, sous celle de M. de Vaulchier ; et les négocians du Havre attendent encore aujourd'hui que l'intégrité de M. de Castelbajac les délivre enfin de cette honteuse exaction (1), qui a

---

(1) M. le directeur-général de Saint-Cricq a affirmé un jour à la Chambre des députés, que la balance du commerce s'élevait annuellement, en faveur de la France, à 84 millions. Cette assertion s'est trouvée de toute fausseté. Que faut-il penser des talens financiers de M. le président du bureau de commerce, et de son attention à vérifier les rapports qui lui étaient présentés ? Mais peut-être M. de Saint-Cricq comptait-il au nombre des revenus de l'Etat bien des sommes qui se trouvent absorbées avant d'arriver à l'hôtel de Rivoli, par des receveurs tels que ceux du Havre, de Rouen, de Marseille, de Forbach, etc. ?

lieu également dans toutes les douanes où le crédit est accordé.

M. Coblentz, l'un des plus anciens inspecteurs des douanes, vivement appuyé par les députés de son département (le Nord), sollicitait depuis long-temps une direction. Ces recommandations, qui ont tant de poids *à de certaines époques*, étaient cependant jusqu'alors restées infructueuses; mais M. Coblentz possédait de plus, sur cette branche de l'administration, des documens d'une telle importance, qu'ils avaient troublé quelquefois la sécurité de M. le directeur-général de Saint-Cricq. M. de Villèle, prévenu, se décida, quoiqu'un peu tard, à prendre la demande de M. Coblentz en considération. En conséquence, M. de Vaulchier fut chargé de présenter au conseil trois candidats admis *forcément* à la retraite : MM. de Romagny, Galien et Badon. Le premier, directeur de Charleville, excellent royaliste et parfait honnête homme; le second, directeur à Boulogne, jeune encore, et faisant son service avec toute l'intelligence et l'activité désirables.

Quant au troisième, directeur à Grenoble, je ne puis mieux le faire connaître que par une anecdote piquante et qui mérite d'être publiée.

Lors du débarquement de Buonaparte à Cannes en 1815, M. Badon, empressé d'aller lui faire sa cour à son passage par Grenoble, et voyant que chacun des fonctionnaires parjures qu'il y trouva, voulait s'attribuer auprès du grand homme le mérite d'avoir prévu son retour : *Et moi*, s'écria-t-il, *je savais bien que Votre Majesté reviendrait*. Sur quoi, montrant les basques d'un vieil uniforme à aigles, qu'il avait fait épousseter avec soin : *Aussi*, ajouta-t-il, *n'ai-je jamais voulu faire ôter ces petites bêtes!*

On eut la pudeur d'épargner M. de Romagny, non par considération pour de longs et loyaux services, mais par respect public pour une réputation au-dessus de toute atteinte. M. Badon se protégeait de lui-même par ses principes politiques et *ses petites bêtes :* ce fut donc sur M. Galien que tomba la défaveur ministérielle.

Mais qu'advint-il ? c'est que M. Galien, jaloux de soutenir ses droits, vint à Paris, où il s'exhala en plaintes amères. Je ne sais si, moins heureux que M. Coblentz, il ne possédait que des *demi-documens ;* mais ce qu'il y a de certain, c'est que s'il ne put obtenir sa réintégration, on lui accorda du moins en dédommagement 6000 fr. au lieu de 4500, *maximum* du traitement de retraite fixé pour les directeurs. Qui paie ces 1500 fr. de plus? Est-ce M. de Villèle, M. de Vaulchier, ou l'État?

M. de Montcloux, fils d'un ancien fermier-général, avait obtenu, en dédommagement des pertes considérables que la révolution lui avait fait éprouver, la recette principale de Lyon, qu'il gérait avec intégrité et à la satisfaction universelle du commerce de cette ville. Mais on voulait donner cet emploi à l'inspecteur M. Sauvage, créature de M. de Villèle (1). A cet effet, M. Hains (*toujours M. Hains quand il s'agit d'expulser ou de persécuter un royaliste*) proposa au conseil d'administration, dans les derniers jours de juillet 1824, d'admettre à la retraite le receveur

---

(1) L'inspecteur de Lyon n'eut pas honte en cette occasion de solliciter (chose inouïe!) l'emploi inférieur dans la hiérarchie, de son subordonné. Mais la recette principale rapporte beaucoup plus que l'inspection ! et peut-on raisonnablement faire un reproche à ce protégé du ministre des finances de se montrer habile en fait de calcul ?

de Lyon. L'un des administrateurs fit observer que cet employé ne la demandait pas, et qu'il était notoire que M. de Montcloux remplissait ses fonctions d'une manière digne d'éloges. M. de Vaulchier prenant la parole, dit que c'était lui; directeur-général, qui avait chargé M. Hains de faire cette proposition, et que l'ordre *venait de plus haut*. Cependant deux des administrateurs eurent le courage de prendre la défense de la victime qu'on allait immoler, et l'un d'eux s'écria même dans un moment d'indignation : « *Eh! quoi, messieurs, sous le régime de la terreur, M. de Montcloux, traduit jeune encore au tribunal révolutionnaire, a eu le bonheur miraculeux de disputer sa vie avec succès, et aujourd'hui, sur le retour de l'âge et sous le règne d'un Bourbon, ses moyens d'existence n'échapperaient pas aux rigueurs commandées de la commission ministérielle des douanes!* » Ce beau mouvement imposa aux créatures serviles du pouvoir, et le conseil se sépara sans avoir rien décidé à ce sujet. Mais qu'arriva-t-il? Le soir même, M. de Vaulchier, *qui respecte beaucoup ce qui vient de plus haut, et qui sans doute avait pris de nouvelles licences*, annonça hautement dans son salon que M. de Montcloux était mis à la retraite.

Ce digne employé, instruit de cet acte plus qu'arbitraire, vint sur le champ à Paris, où il fit part de sa disgrâce à d'anciens amis, à de vieilles connaissances que M. de Villèle ne lui soupçonnait pas. Quelle fut la surprise de l'Excellence de voir parmi les protecteurs de M. de Montcloux, des grands de l'État, des hommes éminens par leur rang, et surtout par leur dignité personnelle! Aussi, le ministre gascon s'empressa-t-il de dire qu'il avait été trompé; et incontinent, un arrêté *venant de plus haut*, réintégra aux douanes le receveur de Lyon; chose qu'on n'avait jamais vue à l'administration.

Avant de quitter M. de Vaulchier, aujourd'hui directeur-général des postes, où il faut espérer qu'il n'aura pas été poursuivi de l'importunité des *hobereaux de province*, je ne puis m'empêcher de témoigner combien je me trouve embarrassé (dans mon intérieur) pour faire accorder son royalisme avec ses talens administratifs, sans vouloir cependant préjuger à quoi il tient le plus. Si M. le marquis est bon royaliste, pourquoi a-t-on vu sous sa direction aux douanes tant de changemens et de promotions qui prouvéraient le contraire ! Mais si ce n'est, comme j'aime à le croire, que faute de surveillance de sa part, *malgré l'évidente notoriété des meneurs,* que de tels faits ont eu lieu, de quelle utilité pourra-t-il être dans sa nouvelle administration, où il faut savoir, au besoin, découvrir ce qui se passe, même à travers le cachet d'une lettre, *dont on respecte toujours l'inviolabilité* (1).

Enfin, M. le vicomte de Castelbajac arriva

---

(1) Ce qui prouve que M. de Vaulchier, préfet de Strasbourg, se connaissait bien et savait se rendre justice, c'est que, lorsqu'il reçut la lettre de M. de Villèle qui lui annonçait sa nomination à la direction générale des douanes, il fut triste et réfléchi pendant toute la journée, et n'en fit part que le soir à Mme de Vaulchier, qu'il voyait inquiète, en lui disant qu'il ne savait pas s'il devait accepter. Mais sans doute des conseils d'épouse et de belle-mère parvinrent à vaincre son hésitation; car, dès le lendemain, le nouveau directeur-général partit pour Paris. Je tiens ces particularités *de très-bonne source,* comme aussi qu'il s'occupa pendant sa route de la lecture de mes deux écrits sur les douanes, qu'il avait fait placer dans sa chaise de poste au moment d'y monter. M. de Vaulchier a plus d'une fois assuré depuis qu'il regrettait toujours sa préfecture

aux douanes (1), précédé d'une réputation vraiment rassurante pour les amis de la monarchie légitime.

On se rappelait avec plaisir qu'il était l'un des écrivains distingués qui les premiers, dans *le Conservateur*, avaient eu le courage de professer les bonnes doctrines sous le ministère à bascule de M Decazes.

Mais, hélas! telle est la solidarité héréditaire de tous les grands fonctionnaires appelés à se succéder dans l'administration actuelle, que l'homme d'honneur qui s'est vu odieusement persécuté par celui qui

---

(1) A cette époque, M. Chaslon, doyen des administrateurs en retraite, et qui, le 1er janvier 1818, s'était décidé à la demander, à raison de son âge avancé et de sa mauvaise santé ; M. de Chaslon, vrai royaliste constitutionnel, père des employés, et libéral dans la plus loyale acception de ce mot, m'écrivit : « *J'espère que vous allez bientôt* « *obtenir justice. M. de Castelbajac est un homme* « *d'esprit, d'une société aimable ; il sera juste, et se* « *fera sans doute un devoir de vous replacer dans une* « *administration encore toute pleine du souvenir des* « *services que vous avez rendus aux Bourbons ; si j'y* « *étais resté, vous seriez dès demain inspecteur sur la* « *frontière d'Espagne, où la présence d'un chef tel* « *que vous serait si nécessaire.* »

tombe, éprouve encore d'invincibles difficultés, auprès d'un nouveau chef entièrement étranger aux actes arbitraires dont il a été victime. Au lieu d'aller droit au but et de proclamer ainsi hautement son innocence, on biaise, on cherche un tempérament, et ce n'est qu'avec la plus méticuleuse hésitation, et après l'avoir fatigué de mille manières, qu'on se hasarde enfin à lui rendre sourdement une demi-justice.

M. le vicomte de Castelbajac, sur l'exposé incontestable de mes griefs, voulut bien charger M. de Lavigerie, administrateur des douanes, de voir M. Benoit, directeur-général des contributions indirectes, et de lui demander de sa part une place pour moi dans son administration, à charge d'en mettre deux, s'il le fallait, à sa disposition dans celle des douanes (1).

---

(1) Je tiens ce fait, dont je garantis l'authenticité, quelqu'extraordinaire qu'il puisse paraître, de M. de Lavigerie lui-même, de cet administrateur des douanes, qui, plein de regret aujourd'hui d'avoir eu la faiblesse de me nuire il y a un an par une lettre insérée au *Journal des Débats*, le 18 janvier, et *rétractée* le 22 novembre dernier, s'est empressé, dès qu'il a été délivré de la peur de M. de Saint-

M. Benoit, connaissant mes malheurs et les droits que j'avais à être replacé, s'em-

---

Cricq, de me prouver par toutes sortes de prévenances et de bons offices, combien il était disposé à me servir et se trouverait heureux de contribuer à ma réintégration.

M. de Lavigerie a de plus affirmé publiquement depuis qu'il s'était réellement opposé à ma destitution, mais que la preuve de cette opposition avait été soustraite du dossier contenant les papiers relatifs à mon affaire.

Mais, dira-t-on, M. de Lavigerie, indigné sans doute de voir de pareilles manœuvres, ne devait-il pas donner sa démission, ou prendre au moins sa retraite?.... M. de Lavigerie s'était vu en différentes occasions, et par suite du trafic illicite que M. de Saint-Cricq tolérait dans les douanes, obligé de débourser plusieurs sommes considérables s'élevant ensemble à 52,000 francs (voir mon deuxième écrit, pages 38 et 39), et il lui aurait paru bien dur de renoncer ainsi à un emploi qui lui avait coûté si cher. L'en blâme qui pourra; pour moi, je ne me sens plus la force de lui en vouloir. Il est bon royaliste, et les hommes qui pensent comme lui sont si clair-semés dans cette administration, qu'il faut bien se garder d'en diminuer encore le nombre, en ajoutant les traits d'une critique peu généreuse aux dégoûts journaliers qu'ils sont dans le cas d'éprouver par un contact peu séduisant avec la plupart de leurs collègues. Je suis persuadé d'ailleurs que qui que ce soit aujourd'hui, fût-ce même L'OMNIPOTENT de la rue de Rivoli, ne le forcerait à un pareil acte de faiblesse. J'en ai pour garant la manière loyale dont il s'est expliqué à mon égard

pressa d'offrir un entrepôt principal des tabacs, ajoutant cependant qu'il fallait l'assentiment du ministre des finances. M. Benoît eut même la bonté de me recevoir à cette occasion (1) (8 septembre 1824), et de me dire dans mon intérêt, que l'entrepôt principal de Vannes étant devenu vacant sur ces entrefaites, il me serait plus avantageux que celui qu'il avait déjà mis pour moi à la disposition du ministre.

Je ne sais si, dans cet arrangement, M. le vicomte de Castelbajac et M. Benoit avaient dépassé les limites de leur pouvoir, et si le ministre des finances, jaloux de ses prérogatives, crut devoir par cela seul refuser sa ratification à un traité qui m'était favorable; mais il est de fait que, malgré bien des démarches inutiles et de fréquentes réclamations de ma part, cette affaire resta sans au-

vis-à-vis de plusieurs personnes d'un haut rang qui m'honorent de leur protection.

(1) *Administration des contributions indirectes.*

Paris, 6 septembre 1824.

« Le conseiller d'État directeur-général aura l'honneur
« de recevoir M. Paulmier, le 8 du courant, à onze
« heures. »

cune solution, et que je me trouvai, comme l'on dit, *entreposeur en herbe*, en attendant qu'il plût à Son Excellence de songer que je pouvais avoir besoin de connaître enfin sa décision ; et que si l'espérance soutient l'homme, on doit savoir, aux finances mieux qu'ailleurs, qu'elle ne le nourrit pas.

N'est-ce pas ici le cas de déplorer l'abus étrange que l'on fait de la centralisation, cet accaparement de pouvoirs dans une seule main, en un mot, cette jalouse *omnipotence* qui n'accorde pas même à un directeur-général la faculté de replacer, de sa propre autorité, un employé subalterne destitué injustement? A la faveur de cette tyrannie bureaucratique, on accoutume peu à peu le Français inquiet à l'idée sacrilége d'une puissance autre que celle du roi, et d'autant plus redoutable, qu'il en aperçoit journellement les effets désastreux. Dès lors le zèle se refroidit ; on ne sert plus l'Etat, mais le ministre ; et tel employé qui se découvre à peine quand il voit passer le carosse du roi, ôte respectueusement son chapeau, et s'incline souvent jusqu'à terre devant une voiture vide, sur laquelle il a cru distinguer de loin la livrée de Son Excellence.

L'avènement de Charles X me rendit l'espoir. Je m'empressai d'adresser un placet à Sa Majesté, bien persuadé que le monarque qui, n'étant qu'Altesse Royale, m'avait témoigné tant de bienveillance, daignerait aujourd'hui, du haut de son trône, laisser tomber un regard de bonté sur moi, et me faire rendre justice. J'en eus la preuve peu de jours après, comme on peut le voir par la lettre suivante :

MINISTÈRE DES FINANCES.

(Cabinet.)

« *Le ministre des finances a l'honneur de* « *prévenir M. Paulmier qu'il a transmis à M. le* « *directeur-général des douanes, comme objet* « *rentrant dans ses attributions, sa demande en* « *réclamation.* »

« Paris, le 19 octobre 1824. »

Il n'est pas sans intérêt de faire remarquer ici que mon placet ayant été envoyé au ministre des finances par ordre du Roi, M. de Villèle, obligé en quelque sorte d'y faire droit, avait cependant si bien ménagé l'ambiguïté de sa réponse, qu'il semblerait, aux personnes non prévenues et étrangères à mon affaire, qu'il s'agit ici d'une réclamation sans autre importance que j'aurais adressée moi-même directement à Son Excellence ; tandis que c'est à une supplique honorée des regards, et, j'ose le dire, de la bienveillance de Sa Majesté, que le ministre s'est permis de répondre, comme à l'ordinaire, avec ce style dégagé et plus que familier qui caractérise l'administration actuelle.

Cependant, comme une pièce venant de la chambre du Roi, et passant par le ministère des finances pour arriver à la direction-générale des douanes, avait un caractère qu'il n'était pas permis de méconnaître, on fit l'effort, à l'hôtel d'Uzès, de décider que le conseil d'administration s'en occuperait ; et voici ce que j'appris plus tard par des rapports dont je puis garantir l'authenticité :

Dans la discussion qui eut lieu à ce sujet, mon innocence fut pleinement reconnue, au point que les administrateurs se regardèrent mutuellement avec un air d'embarras, et ne sachant que répondre aux interpellations de M. de Castelbajac, gardèrent un long et profond silence, lorsqu'enfin l'un d'eux (M. Hains) s'écria : « *Eh bien ! si M. Paul-*

« mier veut rentrer aux douanes, il faut qu'il
« demande grâce (1), et qu'il déclare que tous
« ses écrits ne sont que pamphlets, mensonges
« et calomnies. »

Ainsi, pour obtenir un trop juste dédommagement des persécutions de M. de Saint-Cricq, et de l'hésitation timorée de M. de Vaulchier, je serais donc réduit aujourd'hui, sous la direction-générale de M. de Castelbajac, à me déshonorer par une lâcheté indigne de tout honnête homme, par un vrai suicide moral! Oh! M. Hains!!!!

Le nouveau chef de l'administration, disposé cependant à me rendre justice (*malgré de certaines considérations qui le retiennent encore*), sentit l'odieuse inconvenance d'une pareille proposition, et répliqua : « *Au moins,* « *monsieur, vous ne voudriez sans doute pas* « *empêcher M. Paulmier d'être replacé ailleurs!* » Sur quoi il fut reconnu à l'unanimité que mes écrits, dont on ne contesta plus la véra-

---

(1) *Demander grâce!* M. Hains oubliait sans doute qu'on ne demande grâce qu'au Roi ; que Sa Majesté seule a le droit de la faire. Mais peut-être M. Hains se croit-il encore quelquefois au temps où il faisait partie du peuple *souverain*.

cité, ayant toutefois attaqué trop de personnes dans les douanes, je ne pourrais y rentrer que par ordre exprès du ministre des finances; et pour éviter même ce déboire aux hommes dont j'avais signalé les dilapidations et les mauvais principes, on décida par voie de conciliation, que Son Excellence serait suppliée de me placer de préférence dans une autre branche du service public (1).

Fort de cette décision, et comptant sur ce que de longs services, une fidélité à toute épreuve et des droits acquis me semblaient devoir mériter, je m'adressai de nouveau à M. de Villèle, et je devins un des piliers de

---

(1) *Administration des douanes.*

(Cabinet du directeur-général.)

Paris, 10 novembre 1824.

« M. de Castelbajac me charge de dire à M. Paulmier
« que son affaire a été de nouveau examinée en conseil
« d'administration, et que le rapport auquel cet examen a
« donné lieu a été transmis à Son Excellence le ministre des
« finances, afin qu'il prononce. C'est auprès de Son Excel-
« lence que M. Paulmier doit maintenant s'informer de ses
« intérêts.

« Son très-humble serviteur, Dausse. »

l'hôtel des finances. Mais là j'appris, à mes dépens, combien le rôle de solliciteur, pénible en tout temps, est de plus humiliant chez les Excellences de nos jours.

Le proverbe latin a dit : *Non licet omnibus adire Corinthum ;* il est bien plus difficile aujourd'hui de voir de près le COLBERT de la rue de Rivoli. (*Je ne parle pas de celui que M. de Villèle a fait placer dans le grand vestibule de son palais.*)

Lettres, pétitions, factions d'antichambre, tout fut inutile. Je persévérai en vain des jours, des semaines, des mois entiers; je ne vis jamais s'ouvrir pour moi la bienheureuse porte du sanctuaire qui recèle le grand homme d'État ; et si je ne puis garantir son omniscience, je puis au moins parler savamment de son *invisibilité* (1).

―――――――――――――――

(1) Je veux à ce sujet raconter une anecdote qui m'est particulière, et que le lecteur trouvera, je crois, assez piquante. Un jour que j'allais, suivant mon habitude, voir s'il me serait enfin permis de pénétrer auprès de Son Excellence, je crus devoir solliciter la faveur de parler d'abord à M. de Renneville. « *Monsieur est-il député ?* me demanda l'huissier. — Oui, monsieur, *par moi-même,* répondis-je en souriant. » Ne voilà-t-il pas que l'homme ha-

Eh quoi! me dis-je enfin un jour que je me retirais fatigué de tant de stations infructueuses, notre Roi bien-aimé est accessible pour le moindre de ses sujets, et je ne puis parvenir à voir un de ses ministres! Les motifs odieux de ma destitution arbitraire sont avérés, et je ne pourrai obtenir justice! Qu'ai-je donc fait pour être ainsi maltraité? de quoi suis-je coupable! Ai-je attenté à la sûreté de l'État? aurais-je profané dans mes écrits des noms augustes et sacrés? où, ce qui est peut-être plus criminel par le temps qui court, me serais-je permis (*Dieu veuille m'en préserver!*) de parler avec irrévérence de monseigneur de Villèle!... Non! toujours prêt à dire la vérité sur son compte, aujourd'hui qu'il est ministre comme lorsqu'il n'était que député, est-ce ma faute si ce qu'il accueillait jadis d'un sourire de reconnaissance lui paraît maintenant transformé d'éloge en critique, de panégyrique en accusation? Lequel

---

billé de noir s'en va rapporter ma réponse mot pour mot à M. le secrétaire intime, qui cherche aussitôt sur sa liste des membres de la Chambre l'honorable député *M. Parmoimême*, et ne l'y trouvant pas, se croit dispensé de me recevoir.

de nous deux est changé? Ne suis-je pas toujours le même Paulmier, fidèle et dévoué aux Bourbons, à Paris en 1824, comme à Besançon en 1813, à Gand en 1815, et à Grenoble en 1816 (1)?

Pauvre dupe, continuai-je en poursuivant mon soliloque dans le superbe escalier du somptueux hôtel du *contrôleur-général*, pourquoi compter sur le prix de tes loyaux services? Es-tu fédéré ou représentant des cent-jours? ta muse sanguinaire t'a-t-elle inspiré des chants régicides? as-tu servi de tout ton pouvoir les *descamisados?* as-tu outragé le buste du Roi? le sang héréditaire d'un assassin des Bourbons coule-t-il dans tes veines (2)? Voilà, voilà sans doute les véritables titres à la faveur de l'administration actuelle; et si tu ne peux du moins changer à ce point, que tu sois toujours prêt à servir au besoin l'usurpation comme la légitimité, le gouvernement de fait comme celui de droit, souffre en silence, meurs de faim, s'il le faut, mais ne t'avilis pas plus long-

---

(1) Voir l'écrit de *la Justice de M. de Saint-Cricq*, pages 6, 9, 20 et suivantes.

(2) *Idem*, pages 26, 38, 48, 67, etc., etc.

temps par des sollicitations inutiles auprès d'un nouveau *Terray*.

Je me hâtai de sortir de cet arsenal de corruption, de ce bazar de consciences, sur la porte duquel je voudrais voir écrit en gros caractères, pour le bien des solliciteurs honnêtes, ce vers que le Dante place sur celle de l'enfer :

Lasciate ogni speranza voi che intrate (1).

Mais déjà j'étais arrivé sur la terrasse des Tuileries. Je respirais un air plus pur, mes yeux humides se reposaient avec une douce satisfaction sur le palais de nos souverains. « Ici habite, m'écriai-je, un roi chevalier dont la parole fut toujours sacrée (2) ; à ses

---

(1) « Vous qui entrez ici, laissez toute espérance à la porte. »

(2) S. A. R. Monsieur, aujourd'hui Roi, daigna me dire à son arrivée à Vesoul, en 1814, qu'il n'oublierait jamais mes services et mon dévouement, qui n'étaient pas sans quelque mérite, à une époque où l'on était loin de pouvoir calculer précisément les résultats de l'invasion des alliés. Cette assurance de protection me fut encore renouvelée le 6 juillet 1815, par S. A. R., sur la route de Louves à Gonesse, deux jours avant la seconde rentrée du Roi à Pa-

côtés je vois le héros pacificateur et sa noble épouse, *l'ange du Temple, l'Antigone française;* plus loin, la femme héroïque, veuve d'un martyr et mère du précieux rejeton sur qui reposent les destinées de la France. Sous un si bon maître, avec de tels protecteurs, un sujet fidèle et dévoué, un officier des volontaires royaux de Gand peut-il désespérer? Non, non. Que la vérité soit connue, et justice enfin sera *faite* et rendue à qui de droit. »

Je rentrai chez moi, et j'adressai en toute confiance à Sa Majesté la supplique qu'on va lire :

« SIRE,

« Depuis votre avènement au trône, j'ai
« présenté un placet à Votre Majesté, bien
« persuadé qu'elle daignerait se rappeler
« mon dévouement depuis 1813, et la cause
« des malheurs qui m'accablent. Votre Ma-
« jesté a renvoyé ce placet à M. le ministre
« des finances, qui l'a adressé lui-même à

---

ris. Je revenais alors de Gand, comme officier de volontaires royaux, et j'avais été chargé, pendant les cent-jours, de plus d'une mission dangereuse en France.

« M. le vicomte de Castelbajac, comme ren-
« trant dans ses attributions. Ce directeur-
« général des douanes avait déjà reconnu, dès
« son arrivée à la tête de cette administra-
« tion, les injustices dont j'avais été l'objet;
« il voulut bien faire demander de suite à
« M. Benoit, directeur-général des contri-
« butions indirectes, une place pour moi
« dans cette branche du service, à charge,
« s'il le fallait, d'en mettre deux à sa dispo-
« sition dans celle des douanes, ce qui fut
« accordé, mais sous condition que M. le
« comte de Villèle y donnerait son assenti-
« ment.

« Sire, il a été reconnu que j'avais été vic-
« time de la pureté de mes principes, et que
« M. de Mussey et moi avions été sacrifiés
« le même jour, et remplacés lui par le fils
« de Dobsen, président de l'infâme tribunal
« qui assassina juridiquement Marie-Antoi-
« nette et Mme Elisabeth, et moi par le fils
« du régicide Cochon, qui est venu prendre
« la place que je devais occuper au moment
« où j'ai été destitué.

« Sire, voilà les choix faits par M. de
« Saint-Cricq, et sanctionnés par votre mi-
« nistre des finances, dont on a sans doute

« trompé la religion. Voilà les hommes qui
« remplacent deux de vos plus fidèles sujets
« réduits à la position la plus désespé-
« rante.

« Sire, ma cause est juste, et si juste, que
« M. le vicomte de Castelbajac, dans son
« dernier rapport au ministre des finances, a
« offert à Son Excellence de me replacer aux
« douanes, malgré ce que ma réintégration
« pourrait avoir de pénible pour les indivi-
« dus dont j'ai signalé les mauvais principes
« dans mes écrits sur cette administration,
« ou de me faire entrer dans une autre, ajou-
« tant qu'il pensait que je devais être re-
« placé; que mon royalisme, ma probité et
« ma conduite pendant les momens de crise
« étant au dessus de tout éloge, je méritais
« un prompt dédommagement.

« Sire, voilà deux mois d'écoulés depuis
« ce rapport du directeur-général des doua-
« nes, et deux mois que je persévère à me
« présenter assidûment dans l'antichambre
« de M. le comte de Villèle, d'où je lui écris
« que je manque de tout, sans obtenir la fa-
« veur d'être admis, ni même un mot de ré-
« ponse. Ma réclamation n'est sans doute
« pas d'un haut intérêt pour Son Excellence;

« il s'agit cependant de la vie d'un de vos
« plus fidèles sujets.

« Sire, je supplie Votre Majesté de dai-
« gner charger de l'examen de mon affaire
« M. le général baron de Kentzinger. Ma po-
« sition depuis vingt-trois mois est exacte-
« ment celle d'un homme à qui on bande les
« yeux, et que l'on maltraite en lui deman-
« dant qui l'a frappé.

« Je suis, etc. »

Le 4 décembre, j'adressai cette supplique
à M. le duc de Grammont, capitaine des
Gardes du Roi, avec prière de la mettre sous
les yeux de Sa Majesté; le 14, je reçus la lettre suivante, en date du 9, et qui avait mis
cinq jours à faire le trajet du château des
Tuileries au faubourg Saint Germain :

« Le capitaine des Gardes de service
« s'empresse d'informer M. Paulmier que le
« placet qu'il a eu l'honneur de présenter au
« Roi a été transmis aujourd'hui à M. le mi-
« nistre des finances. C'est à lui qu'il doit
« s'adresser pour connaître le résultat de la
« vérification de sa demande. »

Ainsi donc, m'écriai-je, me voilà de nouveau ramené dans ce dédale inextricable des douanes, des droits-réunis et de l'hôtel des finances! Que faire? Ecrirai-je sur nouveaux frais à M. de Villèle? Recommencerai-je mes plantons rue de Rivoli? Puis-je espérer qu'un si haut personnage voudra s'occuper de moi dans le moment où la prochaine ouverture des Chambres doit absorber toutes ses sublimes pensées?

N'importe, dis-je; écrivons encore, pour n'avoir rien à me reprocher.

« Monseigneur,

« Me voilà de nouveau renvoyé à Votre
« Excellence, par suite d'un second placet
« que j'ai mis aux pieds du Roi. Puis-je espé-
« rer enfin que faisant trêve un moment en
« ma faveur à vos hautes occupations, vous
« voudrez bien réfléchir qu'il y a long-temps,
« *bien long-temps*, que je soupire après la
« justice qui m'est due. Les nombreuses no-
« tes qui sont aujourd'hui entre mes mains,
« et que je vais publier, ne laissent plus au-
« cun doute sur l'infamie des machinations
« dont j'ai été victime. J'en mets un échan-
« tillon sous les yeux de Votre Excellence.

« Il ne tiendra qu'à vous, monseigneur, de
« vous convaincre de l'exactitude des autres
« en m'accordant l'honneur d'une audience. »

Paris, le 15 décembre 1824.

M. de Lavigerie s'est enfin décidé à prendre sa retraite d'administrateur des douanes, fatigué d'être témoin de ce qui se passe dans cette branche du service public: M. de Lavigerie, aujourd'hui délivré des considérations qui pouvaient le retenir encore, ne craint plus d'avouer, et m'autorise à dire ici, que la lettre insérée au Journal des Débats *du 18 janvier 1824, lui fut* IMPOSÉE *par M. de Saint-Cricq* (1); *et que*

---

(1) *Copie d'un billet de M. de Lavigerie* (écrit de sa propre main), *à M. Paulmier.*

« Je renvoie à M. Paulmier la lettre qu'il est venu ré-
« clamer hier chez moi.

« Elle renferme une *inexactitude*. Je n'ai pas été *forcé*,
« mais *ma position m'imposait* le devoir d'écrire la lettre
« dont il se plaint. »

Est-ce assez clair? la position de M. de Lavigerie lui imposait le devoir d'écrire et de signer une calomnie matérielle !

Ce billet, que je conserve soigneusement, sera communiqué, s'il y a lieu, aux *amis* de M. de Lavigerie qui tiense promenant le lendemain au soir sous le bras du directeur-général des douanes, dans les salons de Son Excellence, monseigneur le ministre des finances vint à eux, et dit ces propres paroles : « Ah! monsieur de Lavigerie, je vous fais mon compliment : votre lettre d'hier au Journal des Débats *a fait merveille*; elle est bien, très-bien, et NOUS EN AVIONS BESOIN. » L'étonnement de M. de Lavigerie ne lui permit pas de répondre un mot.

Pour copie conforme,
PAULMIER.

Je ne fus pas plus heureux cette fois-ci que précédemment. En vain, dans ma supplique au Roi, avais-je fait connaître qu'un de ses plus fidèles serviteurs, destitué sans motif, se voyait réduit, par une horrible injustice, à la plus grande détresse : M. de Villèle demeura impassible. Son Excellence crut sans doute justifier sa conduite à mon égard par l'anecdote connue : *Monseigneur, il faut que je vive. — Je n'en vois pas la nécessité.*

Que dois-je faire maintenant? d'où vient

---

draient à se convaincre *de visu* de son existence réelle. On fait la même offre à M. le ministre des finances.

ce scandaleux déni de justice? Pourquoi, si je suis coupable, M. le directeur-général des douanes a-t-il fait faire des démarches pour que je fusse placé aux contributions indirectes? Pourquoi, si je suis innocent, m'a-t-on fait courir ainsi inutilement de la rue Sainte-Avoie à la rue Montmartre, et de la rue Montmartre à la rue de Rivoli? M. de Villèle se croit-il au-dessus de toute considération, parce qu'il est aujourd'hui au faîte du pouvoir? A-t-il, comme certain pape, jeté le filet après avoir pris le poisson? Se flatterait-il d'être ministre des finances et président du conseil à vie?

Non! non! j'en ai pour garans la franchise et la loyauté sur le trône. Un système d'arbitraire et de déception ne peut être de longue durée; le jour doit venir enfin où le Roi de France, semblable au TRÈS-HAUT, dont il tient son pouvoir, n'aura qu'à souffler pour déposer un ministre superbe, et relever son humble sujet. Oui, j'en ai l'espérance! oui, j'en ai la conviction! et en attendant ce jour universellement désiré, je me fortifierai dans mon respect et mon amour pour mon souverain légitime, par la pratique de cette maxime de Goldsmith, qui soutenait la grande âme et le noble courage de Louis XVIII dans sa retraite d'Hartwell : *Let us be inflexible, and fortune at last will change in our favour* (1).

En terminant ce Mémoire, dont je me fais un devoir d'offrir l'hommage à MM. les députés des départemens, je me vois obligé de les prévenir que l'année dernière je leur offris aussi mes deux premiers écrits sur les douanes ; mais que sans doute des instructions particulières, ou du moins une négligence qu'il ne m'appartient pas de qualifier, fit si bien, que les exemplaires déposés au bureau ne furent distribués que la veille de la clôture de la session, et même que ce ne fut que sur la demande d'un honorable député, qui apprit que plusieurs écrits offerts à la Chambre avaient été retenus ainsi pour servir vraisemblablement les vues, et tempérer les craintes de quelques membres de l'administration. J'invite donc MM. les députés qui étaient déjà partis lors de cette distribution, à réclamer les exemplaires que je leur avais destinés.

---

(1) Soyons inébranlables, et la fortune enfin se mettra de notre côté.

APPENDICE.

Il est des procédés dont un homme bien appris ne se dispense jamais, quels que soient ses griefs; à plus forte raison s'il se croit en quelque sorte lié par la reconnaissance. J'avais pensé qu'il était bienséant que je fisse part du manuscrit de ce Mémoire à M. le vicomte de Castelbajac, qui, comme je l'ai déjà dit, m'avait servi *autant qu'il pouvait être en lui ;* il m'avait semblé qu'ancien employé des douanes, je deviendrais ainsi à mon tour utile moi-même à M. le directeur-général, en lui signalant plusieurs abus encore existans, sans doute à son insu, dans l'administration, mais qu'il pourrait aisément faire disparaître avant la publication de mon écrit. En conséquence, je fus trouver son secrétaire particulier, M. Dausse, qui voulut bien recevoir gracieusement ce manuscrit, mais qui, faisant valoir les nombreuses occupations de son chef, et surtout les circonstances politiques (1), me demanda la permission de garder ce *chef-d'œuvre d'iniquité* deux ou trois jours, ce que j'accordai immédiatement. Quelle fut ma surprise de recevoir dès le lendemain, vers midi, la lettre que voici :

---

(1) La séance royale pour l'ouverture des Chambres.

Administration des douanes.

(Cabinet du directeur-général.)

« Paris, le 21 décembre 1824.

« J'ai réfléchi, monsieur, qu'il serait imprudent à moi
« de mettre le manuscrit que vous avez laissé entre mes
« mains sous les yeux de M. de Castelbajac. Je connais la
« répugnance qu'il m'a toujours témoignée pour les écrits de
« la nature de celui-ci, et j'aime mieux vous le renvoyer
« que de le lui soumettre, car je suis persuadé qu'il ne l'au-
« rait pas voulu lire. Je vous le renvoie donc, monsieur,
« sans l'avoir ouvert moi-même, mais en ajoutant une ob-
« servation que je crois devoir vous faire dans votre intérêt :
« c'est que je suis sûr que si vous parlez de M. le directeur
« des douanes *actuel*, en avançant des choses qui ne se-
« raient pas fondées sur la plus sévère exactitude, il fera
« connaître toute la vérité.

« J'ai l'honneur, etc.   Dausse. »

Comme l'esprit de bien des lecteurs, surtout parmi les
gens du monde, est naturellement oublieux, je vais re-
produire cette curieuse épître par fragmens successifs ; elle
le mérite à tous égards.

« *J'ai réfléchi, monsieur, qu'il serait imprudent à*
« *moi de mettre le manuscrit que vous avez laissé*
« *entre mes mains sous les yeux de M. de Castel-*
« *bajac.* »

La réflexion de M. Dausse, secrétaire particulier de
M. de Castelbajac, ne tient-elle pas un peu de la *réflec-*
tion ? Je m'explique ; du plus ou moins d'intensité de lu-

mière qu'il reçoit suivant le degré de proximité où il se trouve momentanément du soleil qui le fait *réfléchir?*

« *Je connais la répugnance qu'il m'a toujours té-*
« *moignée pour des écrits de la nature de celui-ci, et*
« *j'aime mieux vous le renvoyer que de le lui soumettre,*
« *car je suis persuadé qu'il ne l'aurait pas voulu lire.*
« *Je vous le renvoie donc, monsieur, sans l'avoir ou-*
« *vert moi-même.* »

J'ignore quels sont les écrits dont la lecture répugne si fort à M. de Castelbajac, *ancien écrivain du Conservateur*, et qui, si l'on doit en croire monsieur son secrétaire particulier, ne lirait plus sans doute de journaux, aujourd'hui qu'ils sont pleins, bien mieux que mon écrit, de sanglans reproches contre l'administration en général ; mais j'admire comme la *réflection* de M. Dausse a pu le mettre à même de juger mon manuscrit sans l'avoir ouvert (1).

« *Mais en ajoutant une observation que je crois de-*
« *voir vous faire dans votre intérêt.* »

---

(1) *On n'a pas ouvert ce manuscrit!* Comment se fait-il donc que le même jour, 21 décembre, et bien avant l'heure où j'ai reçu la lettre de M. Dausse, M. de Lavigerie, administrateur des douanes, m'ait envoyé son valet de chambre pour me prier de passer sur le champ chez lui, et que là il m'ait conjuré en grâce de ne point parler de lui, et de supprimer tout ce qui le concernait dans ce Mémoire, dont il m'avoua avoir lu la veille *quelques pages* dans le cabinet de M. de Castelbajac? M. de Lavigerie est trop homme d'honneur pour démentir ce que j'affirme ici ; et d'ailleurs, au besoin, il me sera facile de le prouver. M. de Lavigerie aujourd'hui *ne prend plus sa retraite!* mais ce n'est pas un motif suffisant pour que moi je prenne la mienne. Je suis sur la brèche, et j'y resterai *envers et contre tous*, jusqu'à ce que la vérité, *la vraie vérité*, soit enfin connue.

Grand merci, monsieur Dausse, je vous sais d'autant plus gré d'avoir pensé à mon intérêt dans cette occasion, que, selon toute probabilité, il diffère essentiellement du vôtre.

« *C'est que je suis sûr que si vous parlez de M. le*
« *directeur-général des douanes actuel, en avançant*
« *des choses qui ne seraient pas fondées sur la plus*
« *sévère exactitude, il fera connaître toute la vérité.* »

Actuel! Du directeur-général actuel, dites-vous !..... Ah! monsieur Dausse, avez-vous carte blanche pour me laisser faire justice des directeurs-généraux qui ont précédé votre patron ? *Actuel!* Ainsi, M. de Saint-Cricq et M. de Vaulchier me sont abandonnés; je puis les attaquer impunément et sans mesure. Mais si dans ce manuscrit qu'on n'a pas lu, que vous n'avez pas ouvert, et dont cependant je sais, *moi*, qu'on a redouté les dernières pages restées en blanc (*fallait-il vous dire tout mon secret?*), il se trouvait quelque attaque fondée ou non contre M. de Castelbajac, alors on ne garderait plus de ménagemens, et l'on ferait connaître *toute la vérité*.

Elle est donc bien affreuse cette vérité que M. de Saint-Cricq n'a pas osé dire, sur laquelle M. de Vaulchier a glissé, et dont vous, monsieur Dausse, vous me menacez aujourd'hui au nom de M. de Castelbajac ! Eh ! où l'a-t-on trouvée enfin cette *vérité-croquemitaine ?* est-ce dans le fameux dossier d'où l'on a tiré jadis les prétendues plaintes portées contre moi par M. de Montlivaut, préfet de l'Isère; par M. Bastard-d'Estang, commissaire-général de police à Grenoble; *pièces fausses* et démenties authentiquement par ces magistrats eux-mêmes, dont les attestations à ce sujet sont entre mes mains ? Dérive-t-elle de la source qui produisit plus tard les infâmes écrits anonymes répandus dans l'armée de Catalogne, et si bien annihilés par le certificat de M. le grand-prevôt comte de Valory?

Parlez, parlez, monsieur le directeur-général ; on vous en prie, on vous en conjure ! Mais si la dignité dont vous revêtent de hautes fonctions ne permet pas que vous entriez vous-même en lice avec un employé subalterne protégé seulement de son honneur et de son entier dévouement au Roi, que M. Dausse se charge de rompre la première lance avec moi, et je lui prouverai incontinent que, sans sortir comme lui des *haras*, je ne me laisse pas facilement *démonter*.

On connaît le succès qu'eut jadis le fameux commentaire de Mathanasius, intitulé : *Chef-d'œuvre d'un inconnu*. Naguère encore *les Messéniennes d'Odry* ont amusé tout Paris. Ah ! si un écrivain plus habile que moi voulait se charger de faire ainsi ressortir les rares beautés et le mérite occulte de la lettre de M. Dausse ! Mais qui peut assurer que M. Dausse sera encore quelque chose au moment où ce nouvel ouvrage, qu'il faudrait élaborer avec soin pour le rendre digne du sujet, pourrait être mis à jour ? S'exposer à perdre ainsi le fruit de ses veilles pour donner à M. Dausse une célébrité intempestive, en vérité ne serait-ce pas manquer de *réflection?* Je me trompe, je veux dire de *réflexion*.

FIN.